OLE KÖNNECKE

Der zweite Weihnachtsmann

Insel Verlag

Insel-Bücherei Nr. 1488
Sonderausgabe 2022

Erstveröffentlichung unter dem Titel »Ein Freund, ein guter Freund. Eine Weihnachtsgeschichte«
(Sanssouci im Carl Hanser Verlag, 2005)

Erste Auflage dieser Ausgabe Insel Verlag Anton Kippenberg GmbH & Co. KG, Berlin 2022. Bezugspapier: Ole Könnecke, Hamburg. Gesetzt in der Schrift Pona. Gedruckt auf holzfreies, alterungsbeständiges Werkdruckpapier von der Memminger MedienCentrum AG. Gebunden in Fadenheftung von der Josef Spinner Großbuchbinderei GmbH, Ottersweier. Dieses Buch wurde klimaneutral produziert: climatepartner.com/14438-2110-1001. Printed in Germany. ISBN 978-3-458-64352-4. www.insel-verlag.de

Zwei Dinge sind unvermeidbar:
der Tod und Weihnachten.

Für den ersten Weihnachtsmann heißt das:
Früh aufstehen,

die Geschenke aus dem Schuppen holen,

die Rentiere wecken,

den Schlitten beladen

und losfliegen.

Und natürlich merkt der erste
Weihnachtsmann erst jetzt, dass er das Frühstück vergessen hat.

Der zweite Weihnachtsmann lässt
die Sache ruhiger angehen.

Der erste Weihnachtsmann hofft, dass er genug Kleingeld mitgenommen hat.

Merkwürdig, er hatte die Stadt kleiner in Erinnerung.
Und die Häuser niedriger.

Der zweite Weihnachtsmann hat sich
noch einmal umgedreht.

Der erste Weihnachtsmann hat mitgezählt: Das ist das zehnte Haus, in dem der Aufzug außer Betrieb ist.

Der zweite Weihnachtsmann kann beim besten
Willen nicht mehr schlafen.

Der erste Weihnachtsmann fragt sich, ob es ein Fehler war, auf die langen Unterhosen zu verzichten.

Der zweite Weihnachtsmann hat es gut:
Im Radio läuft Nat King Cole.

Der erste Weihnachtsmann macht eine unangenehme Entdeckung: Die neue Thermoskanne hält den Kaffee nicht einmal ansatzweise die versprochenen zwölf Stunden warm.

Frisch gebrühter Kaffee und duftende Croissants – die einzig menschenwürdige Art, den Tag zu beginnen, findet der zweite Weihnachtsmann.

Der zweite Weihnachtsmann steht etwas unschlüssig vor dem Kleiderschrank. Schließlich entscheidet er sich doch für einen roten Mantel.

Auf dem Weg nach draußen wirft er noch schnell einen Blick in den Spiegel. Doch, so kann man sich unter die Leute wagen. Durchaus.

1 2 3 4 5

Der zweite Weihnachtsmann hat lange geübt.
Jetzt kann er perfekte Achten ins Eis laufen.

Der erste Weihnachtsmann kennt zwei Herren, die dieses Jahr verdammt lange auf ein Geschenk warten können.

Der zweite Weihnachtsmann sucht Zerstreuung. Hm, *Krieg und Frieden*? *Moby Dick*? *Ulysses*? Entscheidungen, Entscheidungen.

Zuerst war es nur so ein Gefühl, nun ist der erste Weihnachtsmann sicher: Er hat *Weihnachten in Bullerbü* schon letztes Jahr verschenkt.

Letzten Endes geht doch nichts über die Klassiker, findet der zweite Weihnachtsmann. *Weihnachten für Kummersdorf* ist jetzt genau das Richtige.

Genug gelesen. Jetzt wird ein wenig Sport getrieben.

Der erste Weihnachtsmann fragt sich, was passiert wäre, wenn er damals auf seine
Eltern gehört und eine solide Ausbildung gemacht hätte. Er hätte Klempner werden können.

Oder Verkehrspolizist.

Der zweite Weihnachtsmann will eben einen
besonders kunstvollen Stoß ausführen,

als im Salon die Uhr schlägt.
Jetzt aber schnell!

Aus dem Haus!

In den Wald!

Einen Baum aussuchen!

Zurück!

Halt!

Zum Schuppen!

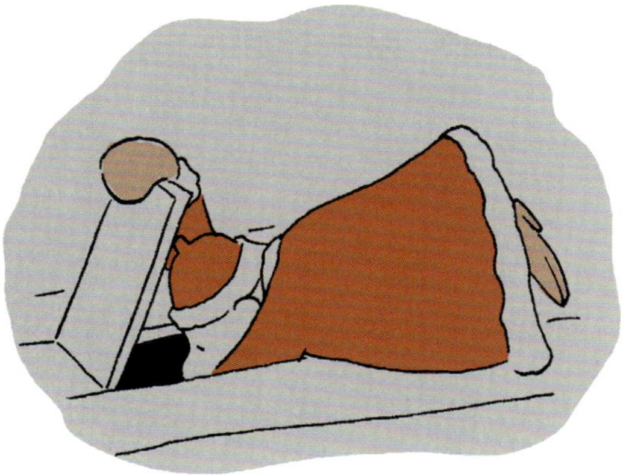

Das Geschenk aus
dem Versteck holen!

Ins Haus!

Den Baum aufstellen,

schnell noch die Kugeln ran –
gleich ist alles fertig.

Und keine Sekunde zu früh.
Da: ein Geräusch an der Haustür!

Feierabend. Der erste Weihnachtsmann hat
beschlossen, dass dieses Jahr das letzte war.

Aber – was ist das: Ein Baum! Und ein Paket!
Womöglich ein Geschenk?

Der zweite Weihnachtsmann legt die Bing-Crosby-Platte auf.

Der erste Weihnachtsmann hatte sich eigentlich einen Pullover gewünscht. Na, egal –

Schließlich ist nächstes Jahr wieder Weihnachten.